kool - sukuu	2
reisimine - akwantuo	5
transport - ɛhyɛn	8
linn - kuropɔn	10
maastik - asaase	14
restoran - adidibea	17
supermarket - dwakɛseɛmu	20
joogid - nsa	22
toit - aduane	23
talu - afuo	27
maja - efie	31
elutuba - ɛdan a wɔtena mu	33
köök - gyaade	35
vannituba - adwareɛ	38
lastetuba - abɔfra dan mu	42
riietus - ataadeɛ	44
kontor - ɔfise	49
majandus - sikasem	51
ametid - nnwuma ahodoɔ	53
tööriistad - akadeɛ	56
pillid - mfidie a wɔde bɔ nnwom	57
loomaaed - mmoakurabea	59
sport - agokansie	62
tegevused - dwumadie ahodoɔ	63
perekond - abusua	67
keha - nipadua	68
haigla - asopiti	72
hädaolukord - putupru	76
Maa - Ewiase	77
kell - mmerɛ kyerɛfoɔ	79
nädal - nnawɔtwe	80
aasta - afe	81
kujundid - bɔbea	83
värvid - ahosuo	84
vastandid - abirabɔ	85
numbrid - nɔma	88
keeled - kasa ahodoɔ	90
kes / mis / kuidas - hwan/aden/ sɛn	91
kus - hefa	92

Impressum
Verlag: BABADADA GmbH, Nedderfeld 112 , 22529 Hamburg
Geschäftsführer / Verlagsleitung: Harald Hof
Druck: Books on Demand GmbH, In de Tarpen 42, 22848 Norderstedt

Imprint
Publisher: BABADADA GmbH, Nedderfeld 112 , 22529 Hamburg, Germany
Managing Director / Publishing direction: Harald Hof
Print: Books on Demand GmbH, In de Tarpen 42, 22848 Norderstedt

kool
sukuu

- jagama / kyɛmu
- tahvel / bɔɔdo
- klassiruum / adesua dan mu
- koolihoov / sukuu asaase
- õpetaja / ɔkyerɛkyerɛni
- paber / krataa
- kirjutama / twerɛ
- pastapliiats / twerɛdua
- kirjutuslaud / pono
- joonlaud / susudua
- raamat / nwoma
- õpilane / sukuuni

koolikott
baage

pinal
adeɛ wɔde twerɛdua hyɛ mu

harilik pliiats
twerɛdua

pliiatsiteritaja
adea wɔde sensene twerɛdua ano

kustukumm
rɔba

joonistusplokk
drɔɔwin nkrataa

joonistus

drɔɔwin

pintsel

adeɛ a wɔde bɔ akaadoo mu

värvikarp

akaadoo adaka

käärid

apasoɔ

liim

aduro a wɔde sɔ nnooma bɔ mu

töövihik

krataa wɔyɛ dwumadie wɔ mu

kodutöö

efie adwuma

number

nɔma

liitma

ka bom

lahutama

te frim

korrutama

fabaho

arvutama

bo ho nkonta

täht

atwerɛdeɛ

tähestik

atwerɛdeɛ

sõna

asɛm

kool - sukuu

tekst	lugema	kriit
atwerɛ	kan	chalk

 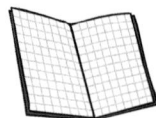 

koolitund	klassipäevik	eksam
adesua	krataa a din ahodoɔ wɔ mu	nsɔhwɛ

tunnistus	koolivorm	haridus
nimdeɛ krataa	sukuu ataadeɛ	adesua

entsüklopeedia	ülikool	mikroskoop
encyclopedia	suapon kɛseɛ	afidie a wɔde hwɛ adeɛ aniwa ntumi nhunu

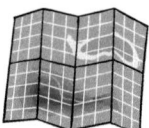 

kaart	paberikorv
asaase mfonin a ɛwɔ krataa so	kɛntɛn a wɔde krataa na ayɛ a wɔde nwura gu mu

kool - sukuu

reisimine
akwantuo

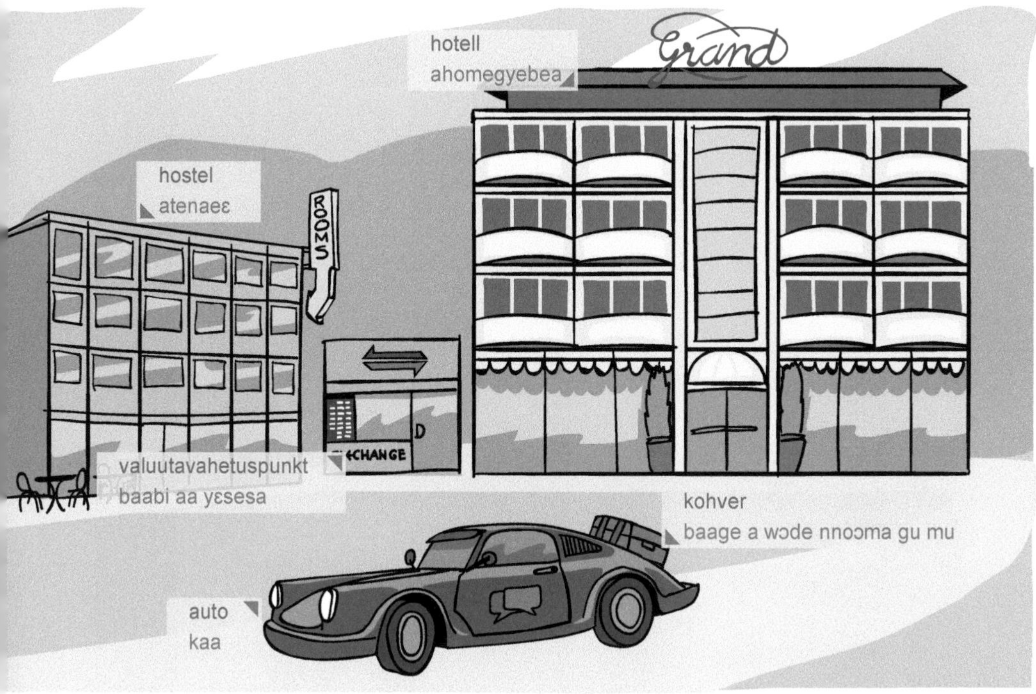

hotell
ahomegyebea
Grand
hostel
atenaeɛ
ROOMS
valuutavahetuspunkt
baabi aa yɛsesa
EXCHANGE
kohver
baage a wɔde nnoɔma gu mu
auto
kaa

keel
kasa

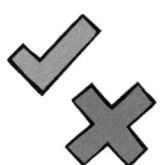

jah / ei
aane / daabi

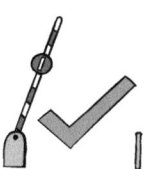

okei
Yoo

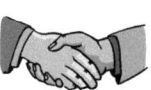

Tere!
hɛlo

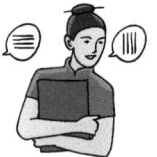

tõlk
deɛ wɔkyerɛkyerɛ kasa ase

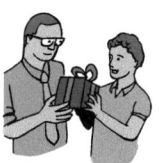

Aitäh!
Medaase

Kui palju maksab …?
....
… ɛyɛ sɛn?

Ma ei saa aru
....
Menteaseɛ

probleem
....
ɔhaw

Tere õhtust!
....
Maadwo!

Tere hommikust!
....
Maakye!

Head ööd!
....
Da yie!

Head aega!
....
nante yie

suund
....
akwankyerɛ

pagas
....
nnooma a wɔde tu kwan

kott
....
kɔtɔkuo

seljakott
....
baage a yɛde bɔ yakyi

külaline
....
ɔhɔhoɔ

tuba
....
danmu

magamiskott
....
bag a yɛda mu

telk
....
ntomadan

reisimine - akwantuo

turismiinfo

adesrafoɔ nsɛm

rand

po ano

krediitkaart

krɛdit kaade

hommikusöök

anopa aduane

lõunasöök

awia aduane

õhtusöök

anwumerɛ aduane

pilet

tikiti

lift

pagya

postmark

agyinahyɛdeɛ

riigipiir

ɛhyeɛ

toll

adwumayɛfoɔ a wɔgyina
aman mmienu hyeɛ so

saatkond

ɔman bi asoeɛ

viisa

akwantuo krataa

pass

akwantuo krataa

reisimine - akwantuo

transport
ɛhyɛn

lennuk / ɛwiemhyɛn
laev / suhyɛn
tuletõrjeauto / afidie wɔde dum gya
veoauto / ɛhyɛn
buss / bɔs
mootorpaat / motoboto
jalgratas / dadepɔnkɔ
auto / kaa

praam
subonto

paat
suhyɛn

mootorratas
dadepɔnkɔ

politseiauto
apolisifoɔ kaa

võidusõiduauto
kaa a wɔde si akan

rendiauto
hyɛn aa yɛ hain

ühisauto
kaa a wɔde ma obi de di dwuma

puksiirauto
kaa a wɔde twe ɛhyɛn a asɛe

prügiauto
bɔɔla kaa

mootor
moto

kütus
ngo

tankla
beaɛ a wɔtɔn pɛtro

liiklusmärk
trafik ahyɛnsodeɛ

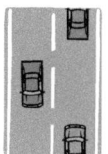

liiklus
trafik

liiklusummik
ɛhyɛn ntumi nkɔ ntɛm

parkla
kaa gyinabea

raudteejaam
keteke steshin

rööpad
ketekye kwan

rong
ketekye

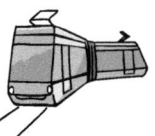

tramm
ketekye

vagun
afidie a wɔtena mu wɔ wiem tu kwan

transport - ɛhyɛn

helikopter
ewiemhyɛn

lennujaam
dadeɛanoma gyinabea

torn
dan tentene

reisija
obi a wɔforo hyɛn

konteiner
adaka

pappkast
adaka

käru
teaseɛnam

korv
kɛntɛn

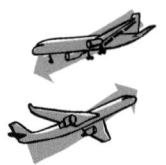
õhku tõusma / maanduma
tu / si fam

linn
kuropɔn

küla
akurase

kesklinn
kuropɔn hyiabea

maja
efie

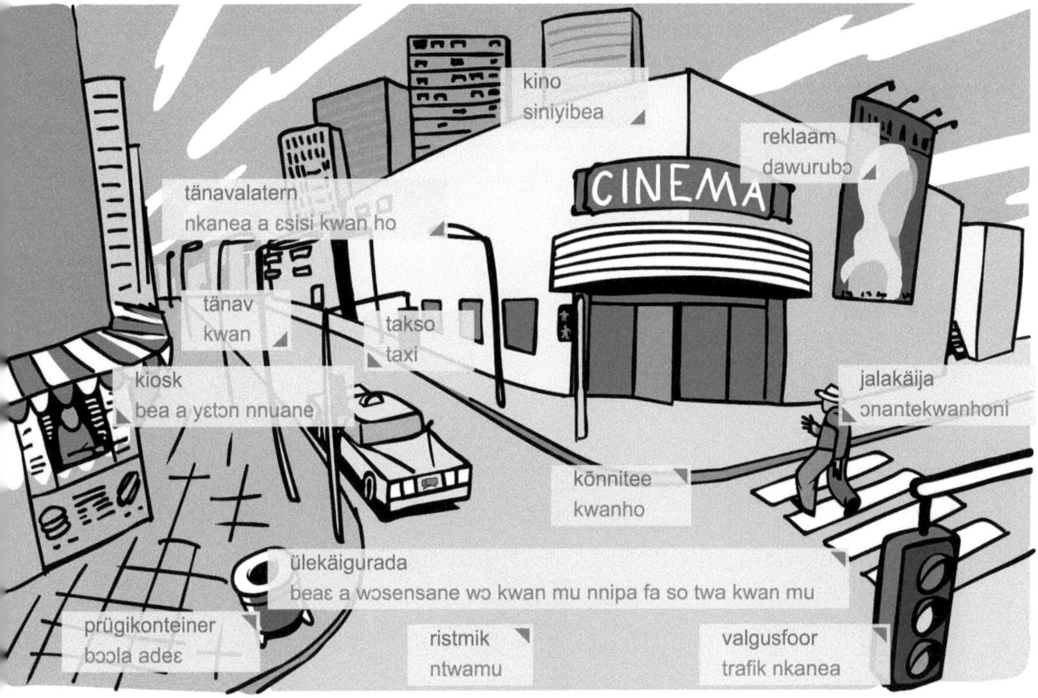

tänavalatern
nkanea a ɛsisi kwan ho

kino
siniyibea

reklaam
dawurubɔ

tänav
kwan

takso
taxi

kiosk
bea a yɛtɔn nnuane

jalakäija
ɔnantekwanhoni

kõnnitee
kwanho

ülekäigurada
beaɛ a wɔsensane wɔ kwan mu nnipa fa so twa kwan mu

prügikonteiner
bɔɔla adeɛ

ristmik
ntwamu

valgusfoor
trafik nkanea

osmik
ntaabodan

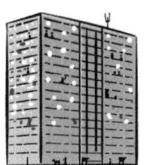
kortermaja
tenabea

raudteejaam
keteke steshin

raekoda
kurom nhyiadanmu

muuseum
mesiɔm

kool
sukuu

linn - kuropɔn   11

ülikool
suapon kɛseɛ

pank
sikakorabea

haigla
asopiti

hotell
ahomegyebea

apteek
beaɛ a wɔtɔn nnuro

kontor
ɔfise

raamatupood
beaɛ a wɔtɔn nwoma

kauplus
beaɛ a wɔtɔn adeɛ

lillepood
nhwiren kuani

supermarket
dwakɛseɛmu

turg
dwamu

kaubamaja
asoeɛ sotɔɔ

kalapood
nnam tɔnfo

kaubanduskeskus
adetɔ beae

sadam
suhyɛn gyinabea

linn - kuropɔn

park
agodibea

pink
akonnwa

sild
nsamsoɔ

trepp
adeɛ wɔee foro aborosan

metroo
asaasease

tunnel
tɔkuro a w'atu no asaase mu de ayɛ kwan

bussipeatus
ɛhyɛn gyinabea

baar
nsanombea

restoran
adidibea

postkast
krataa adaka

tänavasilt
kwan ahyɛnsodeɛ

parkimisautomaat
kaagyinaho meta

loomaaed
mmoakurabea

ujula
nsuo a wɔdware mu

mošee
masalakyi

linn – kuropɔn

talu
afuo

reostus
ewiem sɛeɛ

surnuaed
nsamanpɔ mu

kirik
asore

mänguväljak
agodibea

tempel
hyiadan

maastik
asaase

- leht / ahaban
- teeviit / akyerɛkyerɛkwan
- tee / kwan
- aas / sare asaase
- kivi / boba
- puu / dua
- matkaja / pipo so foronii
- jõgi / asubɔntene
- rohi / nsensan
- lill / nhwiren

maastik - asaase

 org / ɛbɔn	 mägi / bepɔ	 järv / sutadeɛ
 mets / kwaeɛ	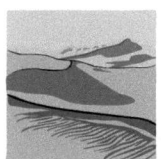 kõrb / ɛserɛ so	 vulkaan / egya a ɛfiri bepɔ mu ba
 linnus / ahenfie	 vikerkaar / nyankontɔn	 seen / mmire
 palm / abɛdua	 sääsk / ntontom	 kärbes / wasena
 sipelgas / ntatea	 mesilane / wowa	 ämblik / ananse

maastik - asaase

mardikas konn orav
kukurubibi apɔnkyerɛnee opuro

siil jänes öökull
kotoko adanko patuo

lind luik metssiga
anomaa dabodabo kɔkɔte

hirv põder pais
wansane torɔm sutadeɛ

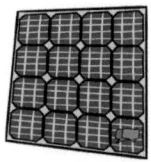

tuuleturbiin päikesepaneel kliima
mframa tɛɛbain adeɛ ɛtwe anyinam ahoden ewiem
                        firi awia mu

maastik - asaase

restoran
adidibea

kelner
barima a wɔsom wɔ beaɛ a wɔtɔn aduane

menüü
aduane ahodoɔ wɔtɔn

tool
akonwa

supp
nkwan

pitsa
pizza

söögiriistad
atere ne nsikan a wɔde didie

laudlina
ntoma a wɔde kata ɛpono so

eelroog
ahyɛasɛɛ

pearoog
aduane titriw

magustoit
nnɔkɔnnɔkwade

joogid
nsa

toit
aduane

pudel
toa

kiirtoit

aduane wɔyɛ no ɔhare so

tänavatoit

aduana a ɛyɛ kwan ho

teekann

tea kukuo

suhkrutoos

asikyire kyɛnsen

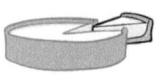

portsjon

fa

espressomasin

espresso afidie

lastetool

akonwa tenten

arve

ka krataa

kandik

apanpan

nuga

sikanmoa

kahvel

adinam

lusikas

atere

teelusikas

tea atere

salvrätik

ntoma a wɔde sɛ pono so

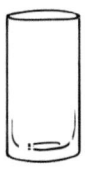

klaas

ahwehwɛ

restoran - adidibea

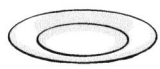

taldrik
plɛɛte

supitaldrik
nkwan plɛɛte

alustass
plɛte ketewa

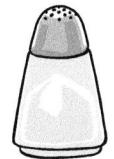

kaste
frɔyɛ

soolatoos
nkyene kukuo

pipraveski
adeɛ a wɔde twi mako

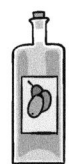
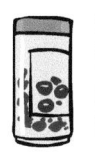

äädikas
vinegar

õli
anwa

vürtsid
atosodeɛ

ketšup
ketchup

sinep
sinapi aba

majonees
mayonis

restoran - adidibea

supermarket
dwakɛseɛmu

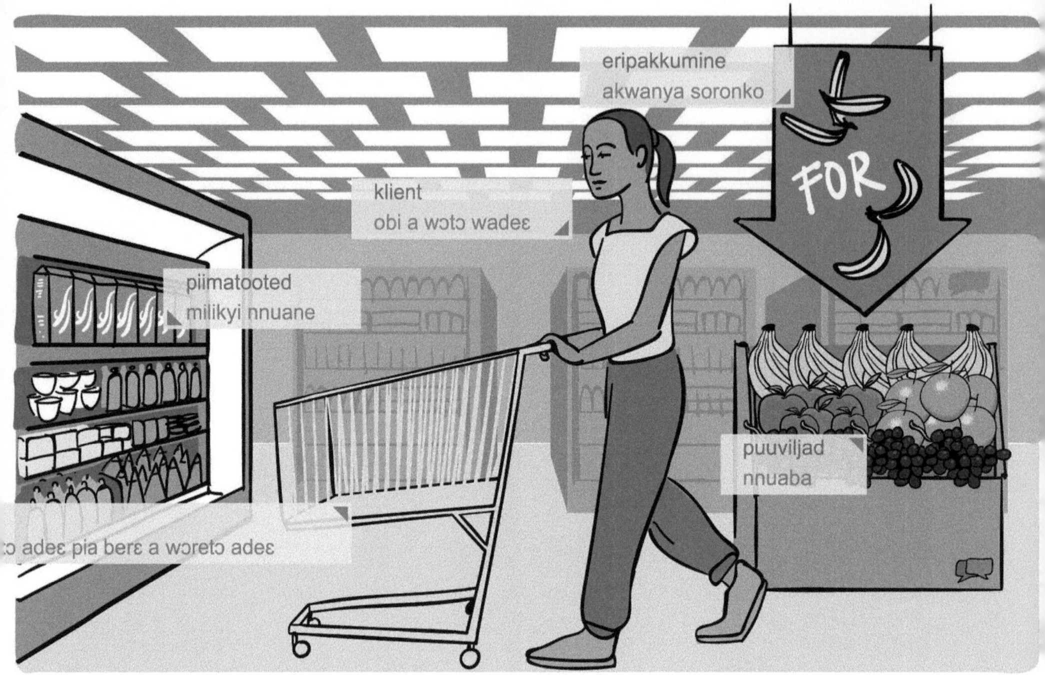

eripakkumine
akwanya soronko
FOR
klient
obi a wɔtɔ wadeɛ
piimatooted
milikyi nnuane
puuviljad
nnuaba
ɔ adeɛ pia berɛ a wɔretɔ adeɛ

BUTCHERS

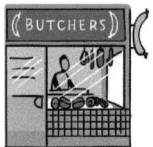

lihapood

nnamtwafo

BAKERY

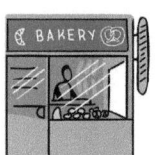

pagariäri

brodotofo

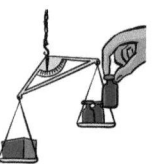

kaaluma

susu

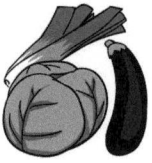

köögiviljad

atosodeɛ

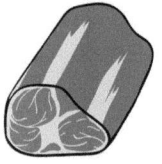

liha

nnam

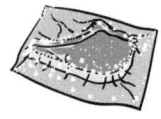

külmutatud toit

aduane a wɔde ahyɛ sukɔtwea adaka mu

lihalõigud

nnam a yɛy nwunu

konservid

nnuane a ɛwɔ konku mu

pesupulber

aduro a wɔde si nnooma

maiustused

adɔkɔkɔdɔkɔdeɛ

majatarbed

efie nnooma

puhastustooted

nnuro a wɔde hohoro nnooma ho

müüja

adetɔni

kassaaparaat

adeɛ a wɔgye sika de gu mu

kassapidaja

obi a wɔhwɛ sika so

ostunimekiri

nnooma a wobɛtɔ

lahtiolekuajad

mmerɛ a ɔmo de bue

rahakott

kotɔkuo

krediitkaart

krɛdit kaade

kott

bɔtɔ

kilekott

rɔba bɔtɔ

supermarket - dwakɛseɛmu

joogid
nsa

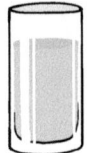
vesi
nsuo

mahl
aduaba mu nsuo

piim
milikyi

koola
coke

vein
nsa

õlu
beer

alkohol
nsaden

kakao
kookoo

tee
tea

kohv
kɔfe

espresso
espresso

cappuccino
cappuccino

toit
aduane

banaan
kwadu

õun
aprɛ

apelsin
akutuo

arbuus
mɛlɔn

sidrun
akutuo

porgand
karɔt

küüslauk
galeke

bambus
mpampuro

sibul
gyeene

seen
mmire

pähklid
nkateɛ

nuudlid
talia

spagetid
talia

riis
ɛmo

salat
salad

friikartulid
kyips

praekartulid
aborodwomaa w'akye

pitsa
pizza

hamburger
hamburger

võileib
sandwiɔh

šnitsel
ntwetwade

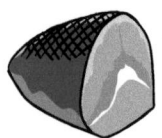

sink
prɛko nam

salaami
salami

vorst
sɔsegye

kana
akokɔnam

praeliha
toto

kala
nsuomunam

toit - aduane

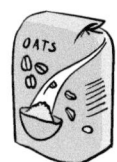

kaerahelbed — oats koko
müsli — muesli
maisihelbed — cornflakes

jahu — esam
sarvesai — croissant
kukkel — brodo a yabobɔ

leib — brodo
röstsai — ho
küpsised — biskit

või — bɔta
kohupiim — koko
kook — ɔfam

muna — kosua
praemuna — kosua a yakye
juust — kyeese

toit - aduane

jäätis	suhkur	mesi
ise krim	asikyire	ɛwoɔ

moos	pähklivõie	karri
ɛam	kyɔkolate a wɔde yɛ aduane mu	kɔri

toit - aduane

talu
afuo

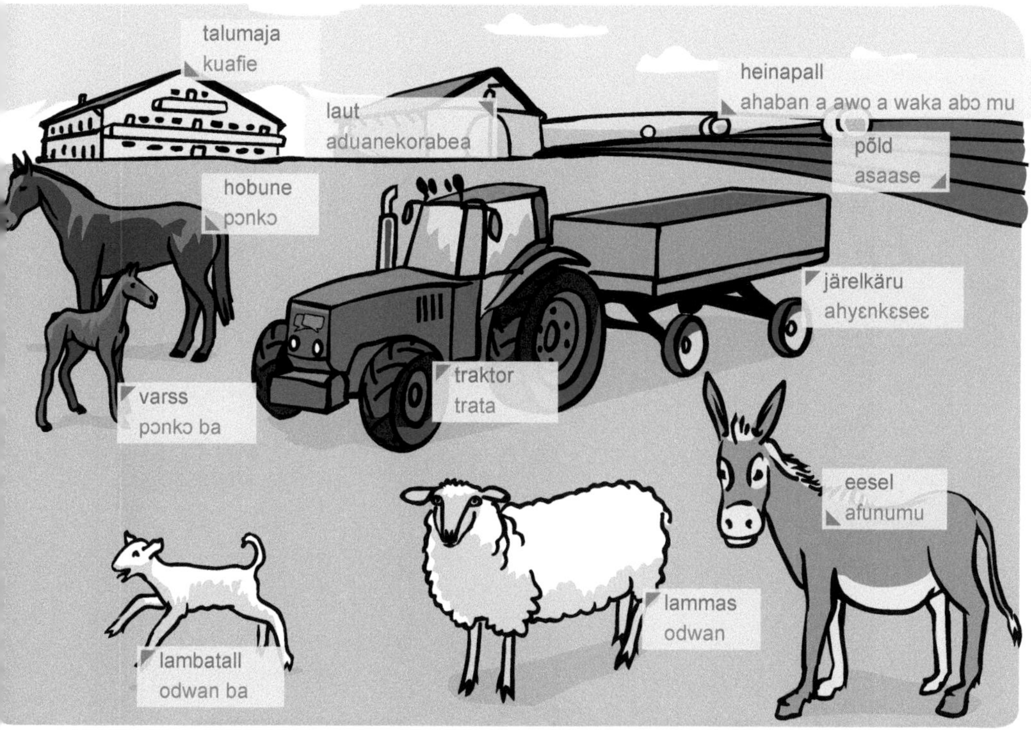

talumaja
kuafie

laut
aduanekorabea

heinapall
ahaban a awo a waka abɔ mu

põld
asaase

hobune
pɔnkɔ

järelkäru
ahyɛnkɛseɛ

varss
pɔnkɔ ba

traktor
trata

eesel
afunumu

lambatall
odwan ba

lammas
odwan

kits
apɔnkye

lehm
nantwie

vasikas
nantwie ba

siga
prɛko

põrsas
prɛko ba

pull
nantwinini

hani
dabodabo

part
dabodabo

tibu
akokɔba

kana
akokɔbedeɛ

kukk
akokɔnini

rott
akura

kass
agyinamoa

hiir
akura

härg
nantwi

koer
ɔkraman

koerakuut
kramanfie

aiavoolik
drobɛn a wɔde nsuo fa mu gugu nnooma so

kastekann
toa wɔde nsuo gu mu de gugu nnooma so

vikat
kantankrankyi

ader
afidie a wɔde funtum asaase ani

talu - afuo

sirp
sɔsɔwa

kõblas
asɔ

hang
fɔɔki kɛseɛ

kirves
akuma

käru
hweebaro

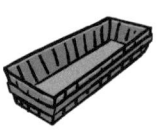
küna
adea mmoa didi mu

piimanõu
milikyi konku

kott
kotoku

tara
ɛban

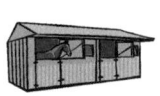
tall
mmoa dan

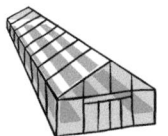
kasvuhoone
nnuaba dan mu

muld
anwea

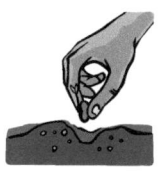
seeme
aba

väetis
nnuro a wɔde gu mfudeɛ ho

kombain
nnuanetwa kaa kɛse

talu - afuo

29

saaki koristama
twa

saagikoristus
mfudeɛ

jamss
bayerɛ

nisu
ayuo

soja
soya

kartul
aborɔdwomaa

mais
aburo

raps
rapedua aba

viljapuu
aduaba dua

maniokk
bankye

teravili
aburo aduane

talu - afuo

maja
efie

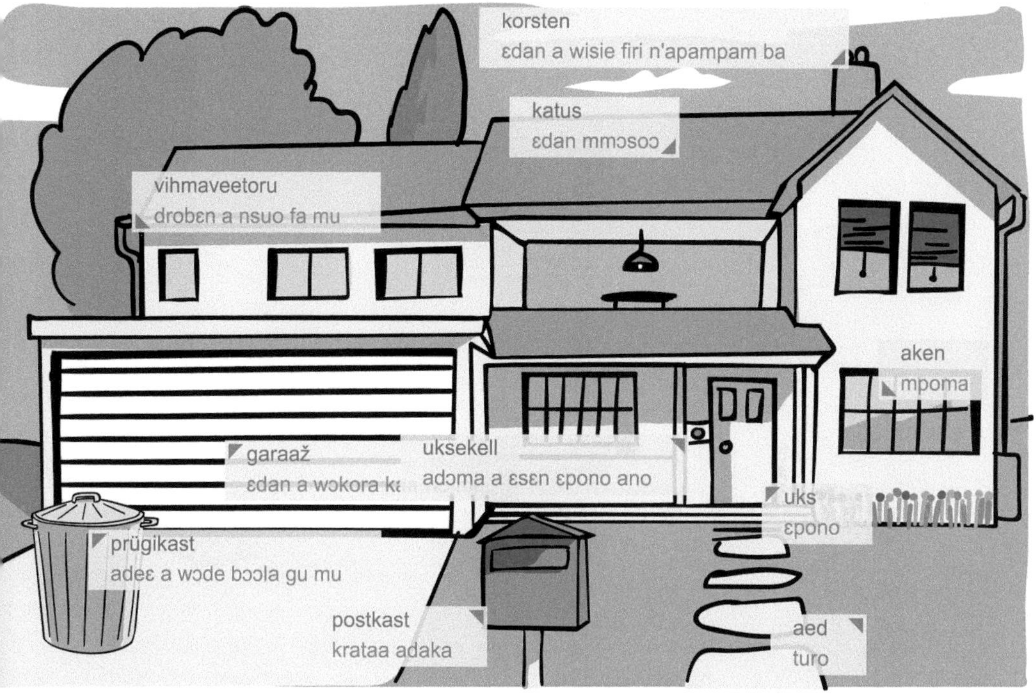

korsten
ɛdan a wisie firi n'apampam ba

katus
ɛdan mmɔsoɔ

vihmaveetoru
drobɛn a nsuo fa mu

aken
mpoma

garaaž
ɛdan a wɔkora kɛ

uksekell
adɔma a ɛsɛn ɛpono ano

uks
ɛpono

prügikast
adeɛ a wɔde bɔɔla gu mu

postkast
krataa adaka

aed
turo

elutuba
ɛdan a wɔtena mu

vannituba
adwareɛ

köök
gyaade

magamistuba
piam

lastetuba
abɔfra dan mu

söögituba
ɛdan a wɔdidi wɔ mu

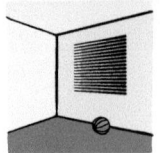
põrand
fam

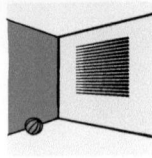
sein
ɛban

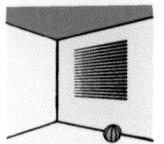
lagi
siilin

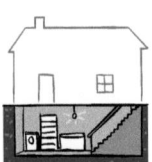
kelder
ɛdan a ɛhyɛ fam

saun
beaɛ a wɔkɔto hyew

rõdu
pɔɔkye

terrass
asaase a wafuntum na wɔde dua nnɔbaeɛ

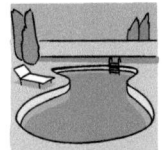
bassein
nsuo a wɔdware mu

muruniiduk
afidie a wɔde dɔ

voodilina
krataa

päevatekk
nnasoɔ

voodi
mpa

luud
praeɛ

ämber
bɔkiti

lüliti
deɛ wɔde sɔ kanea

maja - efie

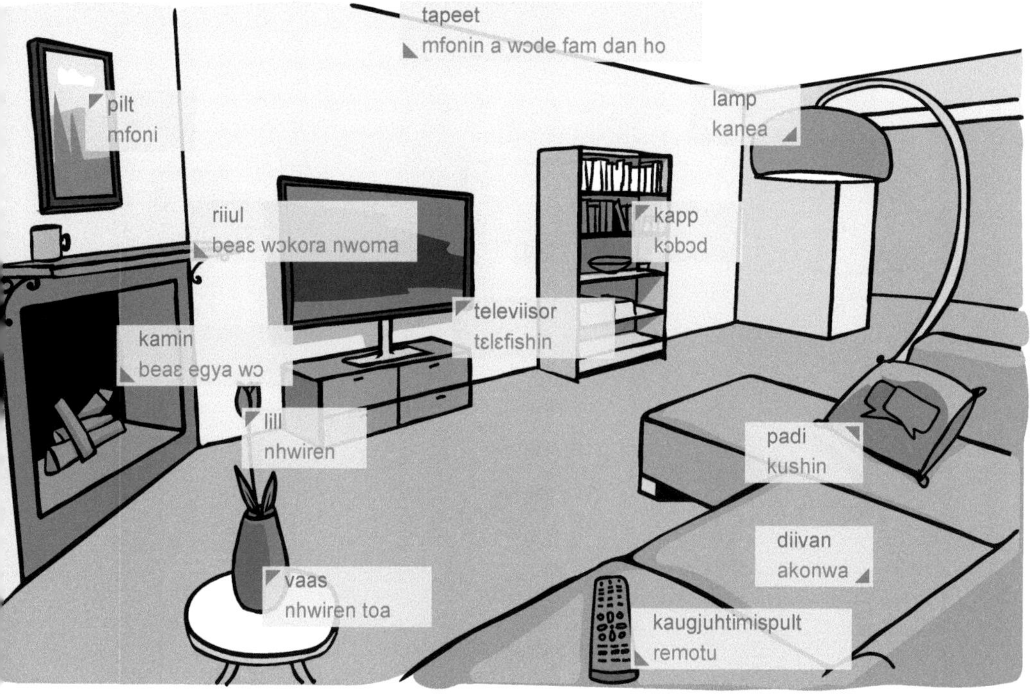

elutuba
ɛdan a wɔtena mu

- tapeet / mfonin a wɔde fam dan ho
- pilt / mfoni
- lamp / kanea
- riiul / beaɛ wɔkora nwoma
- kapp / kɔbɔd
- kamin / beaɛ egya wɔ
- televiisor / tɛlɛfishin
- lill / nhwiren
- padi / kushin
- vaas / nhwiren toa
- diivan / akonwa
- kaugjuhtimispult / remotu

vaip
kapɛt

kardin
kɛtin

laud
pono

tool
akonwa

kiiktool
akonwa aa ɛkɔ anim ne akyi

tugitool
nsaakonwa

raamat | tekk | kaunistus
nwoma | kuntu | beaɛ asiesie

küttepuud | film | helisüsteem
egya | mfoni | hi-fi afidie

võti | ajaleht | maal
safoa | dawurubɔ krataa | akaado

plakat | raadio | märkmik
mfoni | akasanoma | nwoma a wɔtwerɛ nsɛmpɔ gu mu

tolmuimeja | kaktus | küünal
afidie a wɔde pra mfuturo | cactus | kandele

elutuba - ɛdan a wɔtena mu

köök
gyaade

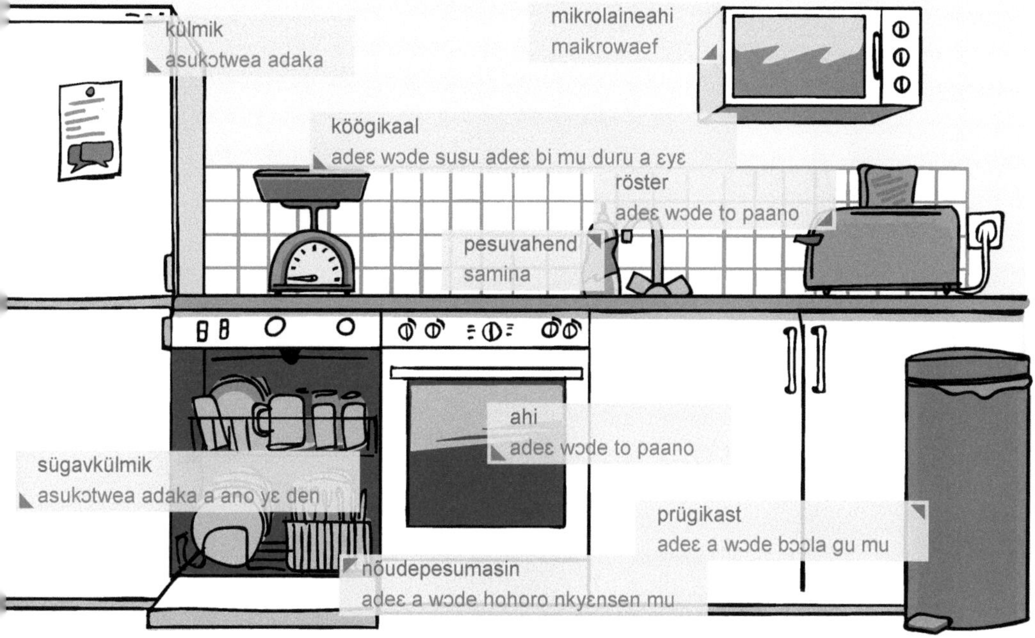

- külmik
  asukɔtwea adaka
- mikrolaineahi
  maikrowaef
- köögikaal
  adeɛ wɔde susu adeɛ bi mu duru a ɛyɛ
- röster
  adeɛ wɔde to paano
- pesuvahend
  samina
- ahi
  adeɛ wɔde to paano
- sügavkülmik
  asukɔtwea adaka a ano yɛ den
- prügikast
  adeɛ a wɔde bɔɔla gu mu
- nõudepesumasin
  adeɛ a wɔde hohoro nkyɛnsen mu

pliit
adeɛ a wɔde noa aduane

pott
kukuo

malmpott
dadesɛn

vokkpann
wok / kadai

pann
pan

veekeetja
adeɛ wɔde noa nsuo

köök - gyaade

aurutaja
nea yɛde ka aduane hye

küpsetusplaat
adeɛ wɔto so paano

lauanõud
nkyɛnsen a wɔdidi mu

kruus
kuruwa

kauss
kyɛnsen

söögipulgad
nnua a wɔde didie

kulp
kwantere

pannilabidas
atere

vispel
adeɛ wɔde nu adeɛ mu

kurn
sɔneɛ

sõel
sɔneɛ

riiv
adeɛ a wɔde twi adeɛ

uhmer
waduro

grill
adeɛ a wɔde toto nam

lahtine tuli
egya a biribiara mmɔ ho ban

köök - gyaade

lõikelaud
adeɛ a wɔtwitwa so nnɔɔma

tainarull
adea wɔde twi nnɔɔma

korgitser
adeɛ a wɔde tu toa ano

konservipurk
konku

konserviavaja
adeɛ wɔde bie konku so

pajakinnas
nea yɛde sɔ kukuo mu

kraanikauss
adeɛ a wɔhohoro nkyɛnse wɔ mu

hari
adeɛ a wɔde twitwi

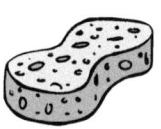
pesukäsn
sapɔ

kannmikser
afidie wɔde yam nnuane

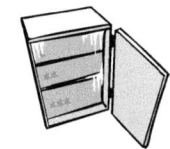
sügavkülmuti
asukɔtwea adaka a ano yɛ den

lutipudel
abɔfra toa

segisti
nsuo

köök - gyaade

vannituba
adwareɛ

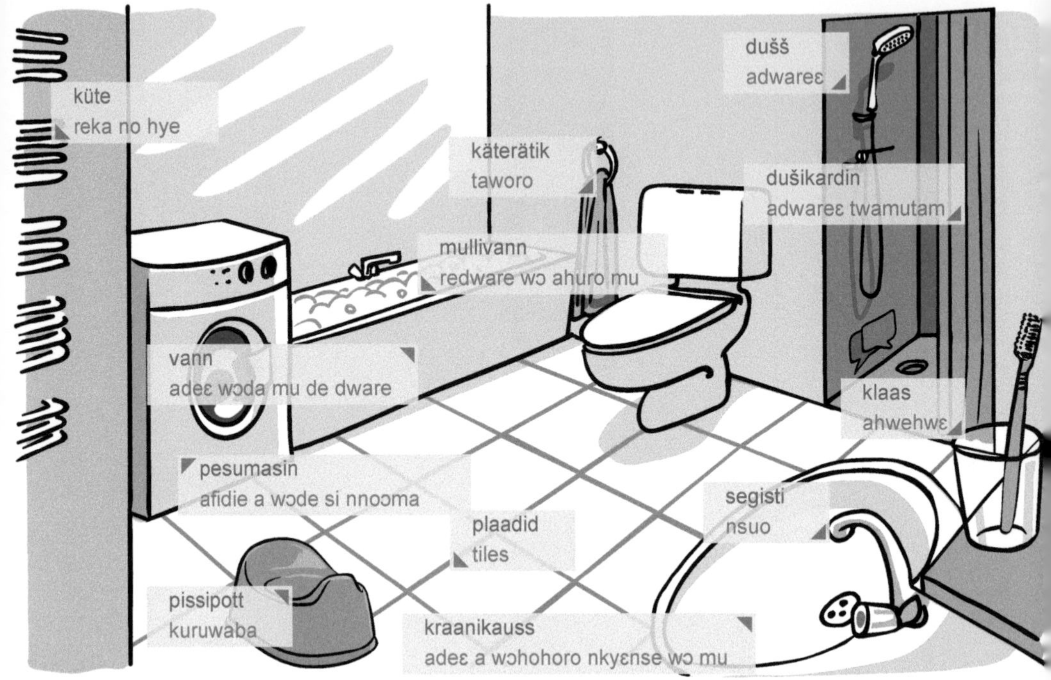

- küte — reka no hye
- dušš — adwareɛ
- käterätik — taworo
- dušikardin — adwareɛ twamutam
- mullivann — redware wɔ ahuro mu
- vann — adeɛ wɔda mu de dware
- klaas — ahwehwɛ
- pesumasin — afidie a wɔde si nnooma
- segisti — nsuo
- plaadid — tiles
- pissipott — kuruwaba
- kraanikauss — adeɛ a wɔhohoro nkyɛnse wɔ mu

WC-pott

agyananbea

kükitamistualett

agyananbea a wɔkotoso

bidee

bidet

pissuaar

dwonsɔbea

tualettpaber

tiafi krataa

WC-hari

adeɛ a wɔde twitwi agyanbea

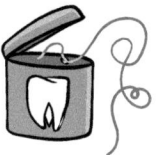

hambahari
adeɛ wɔde twitwiri ɛse

hambapasta
aduro wɔde twitwiri ɛse

hambaniit
adeɛ wɔde yiyi ɛse ntam

pesema
si

käsidušš
adeɛ wɔsɔ mu de dware

intiimdušš
adeɛ nsuo fa mu na wɔde hohoro mmaa ase

pesukauss
adeɛ wɔsi nnooma wɔ mu

seljahari
adeɛ wɔde twitwi yakyi

seep
samina

dušigeel
adwareɛ samina

šampoon
deɛ wɔde hohoro tirinwii mu

vamm
ntoma wɔde asaawa na ayɛ

äravool
nsuokwan

kreem
nkuu

deodorant
aduro a wɔde fa mmɔtoamu

vannituba - adwareɛ

peegel
ahwehwɛ

käsipeegel
ahwehwɛ kumaa

habemenuga
yiwan

raseerimisvaht
aduro a wɔde yi

habemevesi
aduro a wɔde sera beaɛ wayi

kamm
afe

hari
brɔsh

föön
afidie a wɔde ka nwii ma no wo

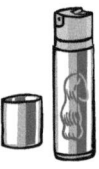

juukselakk
adeɛ wɔde aduro gu mu de gu nwii so

meigikomplekt
adeɛ wɔde yɛn wɔn anim

huulepulk
adeɛ wɔde keka ano

küünelakk
aduro a wɔde ka mmɔwerɛ so

vatt
asaawa

küünekäärid
apasoɔ a wɔde twitwa mmɔwerɛ

parfüüm
aduham

vannituba - adwareɛ

tualett-tarvete kott

baage a wɔde nnooma gu mu wɔ adwareɛ

taburet

akonwa

kaal

afidie a wɔde susu adeɛ bi mu duro

hommikumantel

ataadeɛ wɔhyɛ berɛ a wɔrekɔdware

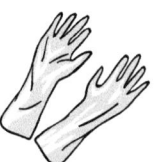

kummikindad

adeɛ wɔde hyɛ wɔn nsa a wɔde rɔba na ayɛ

tampoon

adeɛ wɔde twe nsuo firi pirakuro mu

hügieeniside

deɛ mmaa de siesie wɔn ho berɛ wɔn abu wɔn nsa

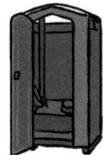

keemiline tualett

agyananbea a wɔde nnuro kora

vannituba - adwareɛ

lastetuba

abɔfra dan mu

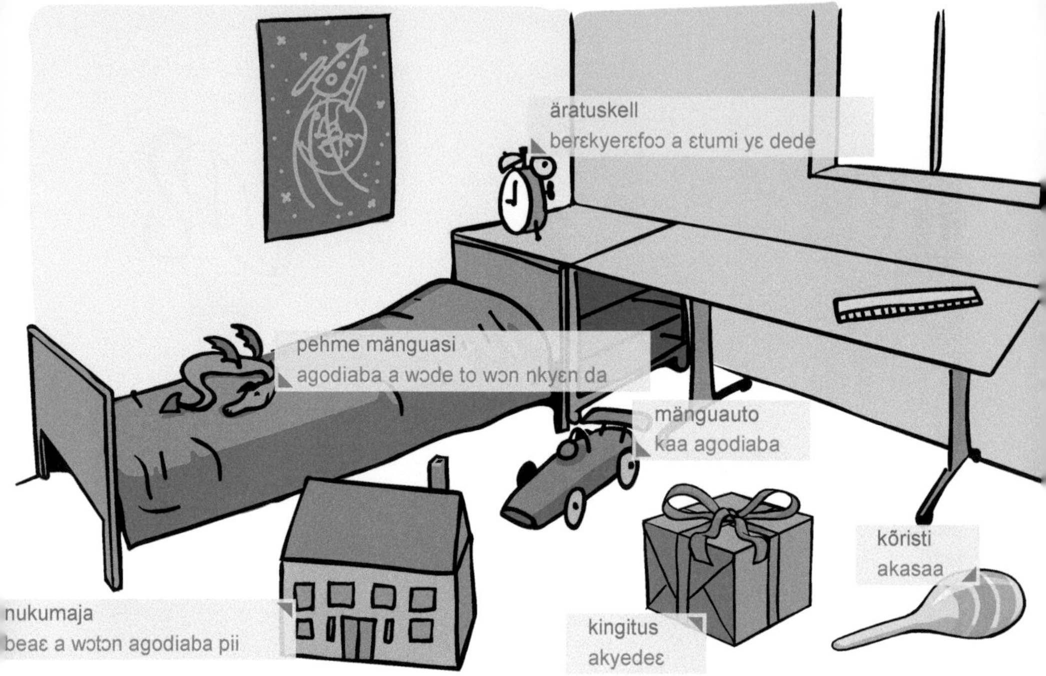

äratuskell
berɛkyerɛfoɔ a ɛtumi yɛ dede
pehme mänguasi
agodiaba a wɔde to wɔn nkyɛn da
mänguauto
kaa agodiaba
kõristi
akasaa
nukumaja
beaɛ a wɔtɔn agodiaba pii
kingitus
akyedeɛ

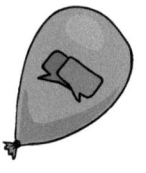

õhupall

baluu

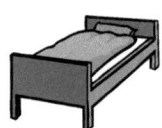

voodi

mpa

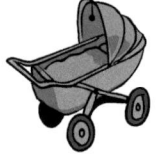

lapsevanker

adeɛ a wɔde mmɔfra to mu pia wɔn

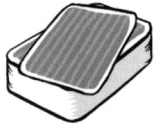

kaardipakk

nkrataa a ɛhyɛ adaka mu

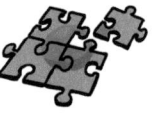

pusle

mfonin asiniasini a wɔkeka si ani hyehyɛ

SUPER MEGA

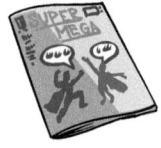

koomiks

mmɔfra aseresɛm nwoma

Lego klotsid

lego bricks

klotsid

blɔks a wɔde si dan

kujuke

mmɔfra agodiaba

siputuspüksid

mmɔfra ataade a wɔayɛ abɔ mu

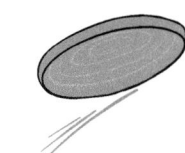

lendav taldrik

frisbee

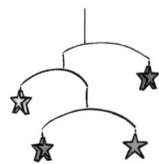

voodikarussell

agodiaba a wɔde sensɛne mmɔfra mpa so

lauamäng

agorɔ a ɛwɔ pono so

täringud

ludu aba

mudelrong

ketekye ketewa

lutt

adeɛ a wɔde hyɛ mmɔfra anumu

pidu

apontoɔ

pildiraamat

krataa mfonin wɔ mu

pall

bɔɔlo

nukk

agodiaba

mängima

di agorɔ

lastetuba - abɔfra dan mu

liivakast

adeɛ wɔde anwea agu mu a mmɔfra di mu agorɔ

kiik

adonko

mänguasjad

agodiaba

mängukonsool

afidie abɛɛfo agodie wɔ so a wɔbɔ

kolmerattaline jalgratas

dadepɔnkɔ a ne nan yɛ mmiensa

mängukaru

sisire agodiaba

riidekapp

wɔdrop

riietus
ataadeɛ

sokid

adeɛ a wɔhyɛ ansa na wahyɛ mpaboa

sukad

ataade tenten a wɔhyɛ wɔ wɔn nan ho

sukkpüksid

ataadeɛ a ɛkyekyere deɛ wahyɛ no

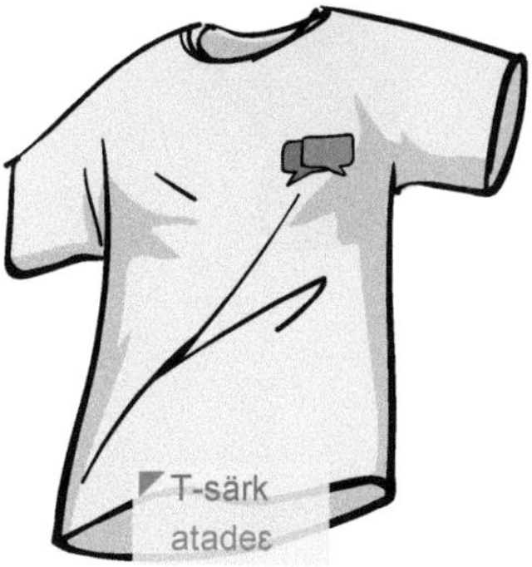

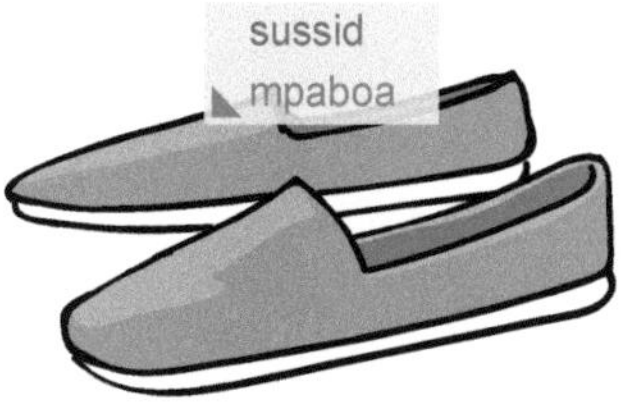

sall
duku

vihmavari
kyiniɛ

T-särk
atadeɛ

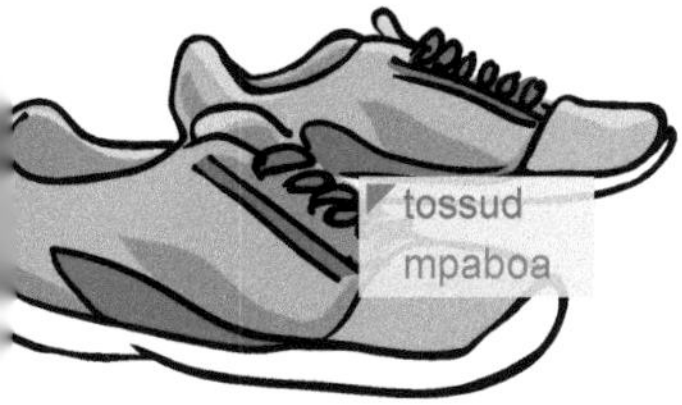

vöö
abɔɔmu

saapad
mpaboa

sussid
mpaboa

tossud
mpaboa

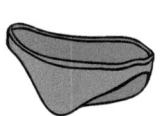

sandaalid

mpaboa

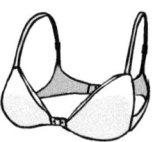

jalatsid

mpaboa

kummikud

rɔba mpaboa

aluspüksid

drɔs

rinnahoidja

adeɛ mmaa hyɛ de kora
wɔn nufu

vest

fɛst

riietus - ataadeɛ

bodi
nipadua

püksid
trɔsa

teksapüksid
gyins

seelik
skɛɛte

pluus
mmaa ataade soro

särk
ataadesoro

sviiter
swata

dressipluus
ataadeɛ a ɛkyɛ wɔ mu

bleiser
kootu

jakk
ataade ngusoɔ

mantel
kootu

vihmamantel
ataadeɛ wɔhyɛ berɛ nsuo retɔ

kostüüm
ataadehyɛ

kleit
ataadeɛ

pulmakleit
ayifrɔ atadeɛ

ülikond

ataade nkatasoɔ

öösärk

ataadeɛ a yɛhyɛ de da

pidžaama

pigyamas

sari

sari

pearätt

duku

turban

duku

burka

ataadeɛ Nkramofoɔ mmaa hyɛ na ɛkata wɔn tiri so de kosi wɔn nan ase

kaftan

kaftan

abayah

abaya

ujumistrikoo

ataadeɛ a wɔhyɛ de dware nsuo mu

ujumispüksid

nika

lühikesed püksid

nika

dressid

traksuit

põll

ntoma a wɔde kata wɔn kɔnmu berɛ wɔreyɛ aduane

kindad

adeɛ wɔde hyɛ wɔn nsa

riietus - ataadeɛ

nööp
batin

prillid
ahwehwɛniwa

käevõru
adeɛ wɔde to wɔn nsa

kaelakee
kɔnmuade

sõrmus
kawa

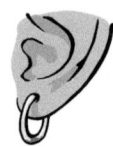

kõrvarõngas
asomadeɛ

nokamüts
ɛkyɛ

riidepuu
adeɛ a wɔde kootu hyɛ so

kaabu
ɛkyɛ

lips
abɔɔmenemu

tõmblukk
zip

kiiver
ɛkyɛ a wɔhyɛ de twi motosakre

traksid
bresis

koolivorm
sukuu ataadeɛ

vormirõivad
ataadeɛ

pudipõll
adeɛ a wɔde gu abɔfra kɔn mu berɛ a wɔredidi

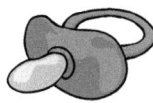
lutt
adeɛ a wɔde hyɛ mmɔfra anumu

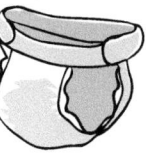
mähe
moase tam

kontor
ɔfise

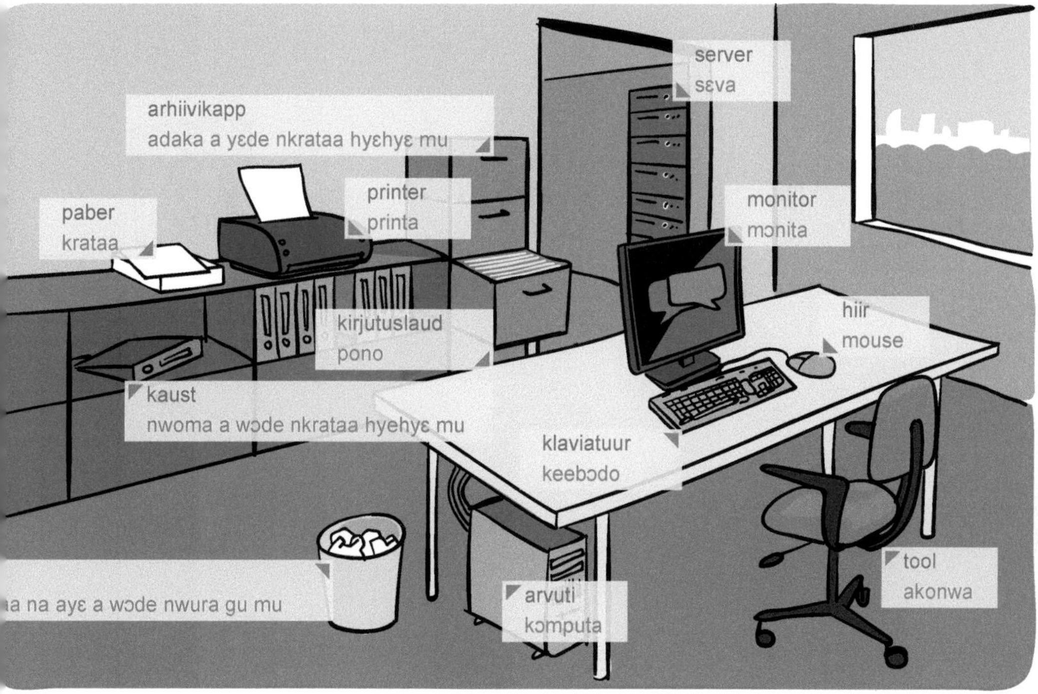

arhiivikapp
adaka a yɛde nkrataa hyɛhyɛ mu

paber
krataa

printer
printa

server
sɛva

monitor
monita

kirjutuslaud
pono

hiir
mouse

kaust
nwoma a wɔde nkrataa hyɛhyɛ mu

klaviatuur
keebɔdo

a na ayɛ a wɔde nwura gu mu

arvuti
kɔmputa

tool
akonwa

kohvikruus
kɔfe kuruwa

kalkulaator
afidie a wɔde bu nkɔnta

internet
intanɛt

sülearvuti
laptɔp

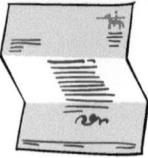
kiri
krataa

sõnum
nkratoɔ

mobiiltelefon
mobile

võrk
nɛtwɛk

koopiamasin
fotokɔpia

tarkvara
sɔftwɛɛ

telefon
tetefon

pistikupesa
plɔg sɔkɛti

faksimasin
fax afidie

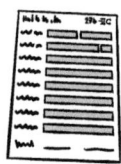
vorm
krataa

dokument
krataa

kontor - ɔfise

majandus
sikasem

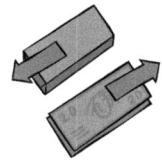
ostma
tɔ

maksma
tua

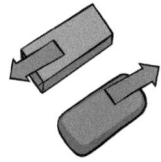
vahetama
tɔn

raha
sika

dollar
dollar

euro
euro

jeen
yen

rubla
rouble

Šveitsi frank
Swiss franc

renminbi jüaan
renminbi yuan

ruupia
rupee

sularahaautomaat
sikabea

valuutavahetuspunkt
baabi aa yɛsesa

kuld
sikakɔkɔɔ

hõbe
dwetɛ

nafta
ngo

energia
ahoɔden

hind
ne boɔ

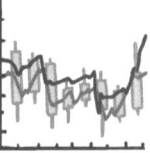

leping
nteaseɛ a ɛwɔ krataa so

maks
ɛtoɔ

aktsia
stock

töötama
yɛ adwuma

töötaja
odwumayɛni

tööandja
obi a wafa obi adwumamu

tehas
afidihyehyɛbea

kauplus
beaɛ a wɔtɔn adeɛ

majandus - sikasem

ametid
nnwuma ahodoɔ

politseinik
polisini

tuletõrjuja
gyadumni

kokk
obi a wɔnoa aduane

arst
dɔkota

piloot
obi a wɔtwi ewiemhyɛn

aednik
kuani

puusepp
nnuaseni

õmbleja
ɔbaa a wɔpam adeɛ

kohtunik
otɛnmuani

keemik
dufrani

näitleja
siniyifoɔ

bussijuht

hyɛnkani

taksojuht

taxi drɔba

kalamees

ɔfarifo

koristaja

ɔbaa wɔpopa beaɛ

katusepaigaldaja

obi a wɔbɔ dan so

kelner

barima a wɔsom wɔ beaɛ a wɔtɔn aduane

jahimees

ɔbɔmɔfo

maaler

obi wɔde akaado keka ɛden ne nnooma aka ho

pagar

brodotofo

elektrik

obi a wɔyɛ nkaneɛ ho adwuma

ehitaja

dansifo

insener

obi a wɔyɛ mfidie akɛseɛ ho adwuma

lihunik

namtɔnfo

torumees

obi a wɔhyehyɛ drobɛn a nsuo fa mu

postiljon

obi a wɔde nkrataa a amanfoɔ atwerɛ soma no

ametid - nnwuma ahodoɔ

sõdur

ɔsrani

arhitekt

obi a wɔyɛ adansie ho adwuma

kassapidaja

obi a wɔhwɛ sika so

lillemüüja

obi a wɔtɔn nhwiren

juuksur

obi a wɔyɛ tire

piletikontrolör

deɛ wɔgyegye sika wɔ ɛhyɛn mu

mehaanik

obi a wɔsiesie ɛhyɛn

kapten

panin

hambaarst

dɔkota a wɔhwɛ se

teadlane

abodeɛmu nyasapɛni

rabi

ɔkyerɛkyerɛni

imaam

imam

munk

monk

preester

sofo

ametid - nnwuma ahodoɔ

tööriistad
akadeɛ

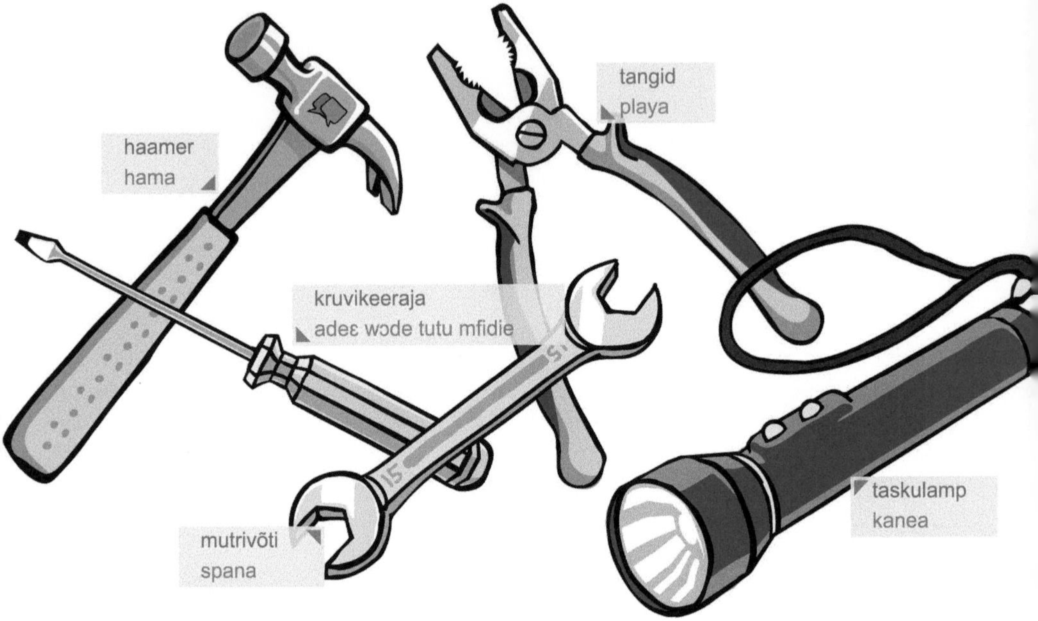

haamer
hama

tangid
playa

kruvikeeraja
adeɛ wɔde tutu mfidie

mutrivõti
spana

taskulamp
kanea

ekskavaator
afidie a wɔde tu fam

tööriistakast
adaka a wɔde nnoɔma a wɔde yɛ adwuma gu mu

redel
atwedeɛ

saag
sradaa

naelad
nnadowa

trell
afidie a wɔde mmia nnoɔma mu

parandama
siesie

labidas
sɔfi

Põrgusse!
Yieee!

kühvel
asesa nwura

värvipott
akaado kora

kruvid
dadeɛ wɔde bobɔ nnoɔma mu

pillid
mfidie a wɔde bɔ nnwom

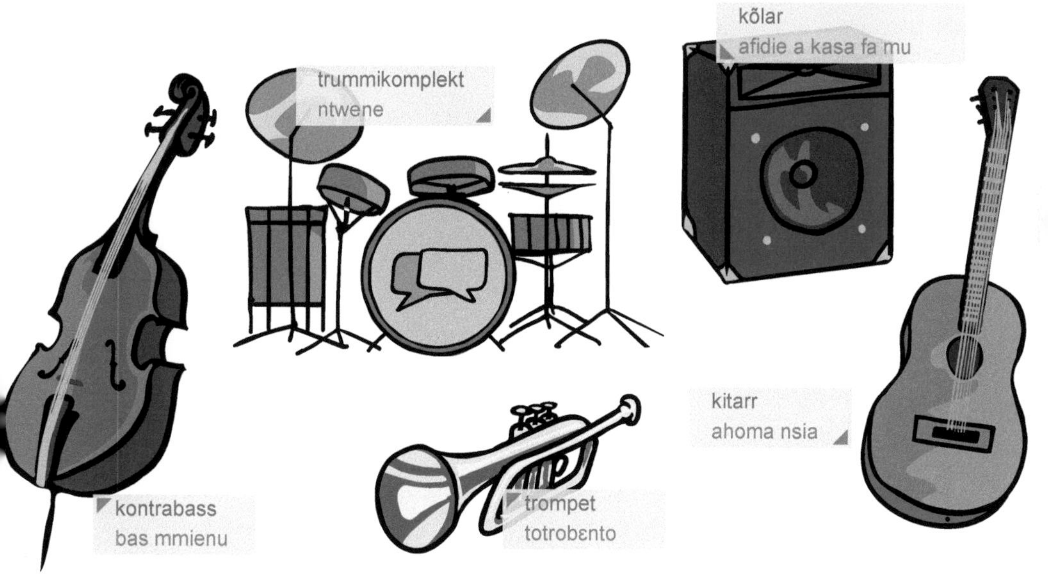

kõlar
afidie a kasa fa mu

trummikomplekt
ntwene

kontrabass
bas mmienu

trompet
totrobɛnto

kitarr
ahoma nsia

klaver
sankuo

viiul
sankuo

bass
ahoma nsia

timpan
timpani

trummid
ntwene

süntesaator
sankuo

saksofon
sasofon

flööt
trobɛnto

mikrofon
akasanoma

pillid - mfidie a wɔde bɔ nnwom

loomaaed
mmoakurabea

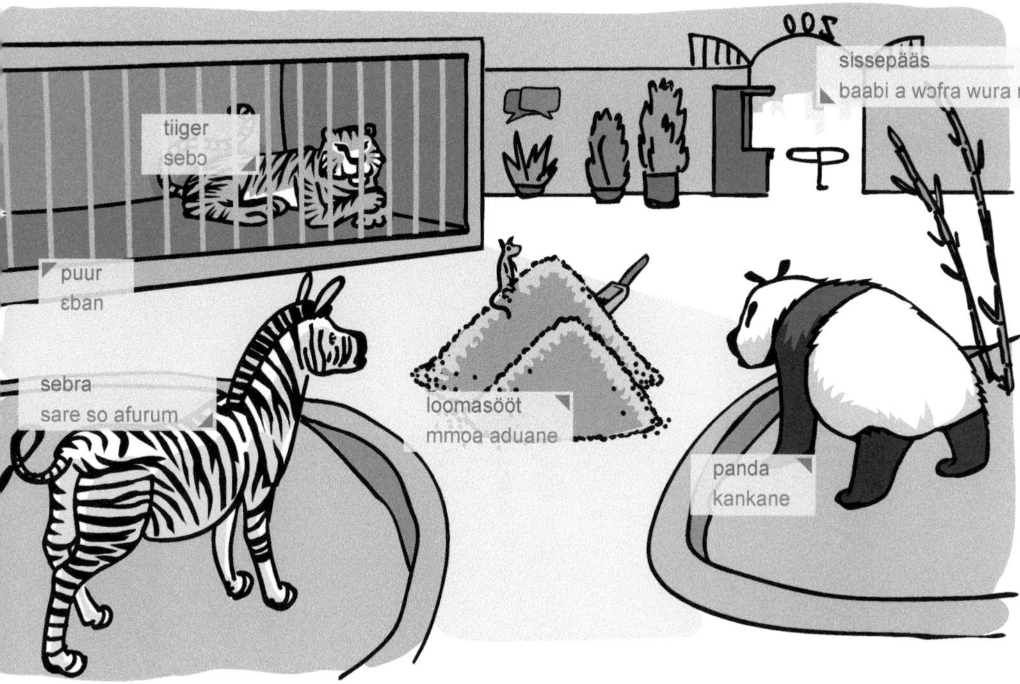

Labels in illustration:
- tiiger / sebɔ
- sissepääs / baabi a wɔfra wura m
- puur / ɛban
- sebra / sare so afurum
- loomasööt / mmoa aduane
- panda / kankane

loomad
mmoa

elevant
ɔsono

känguru
kangaroo

ninasarvik
bɛnkorɔ

gorilla
akaatia

karu
sisire

kaamel
yoma

jaanalind
sohori

lõvi
gyata

ahv
kontromfi

flamingo
asukɔnkɔn

papagoi
ako

jääkaru
sisire

pingviin
penguin

hai
oboodede

paabulind
kohaa

madu
ɔwɔ

krokodill
dɛnkyɛm

loomaaiatalitaja
mmoasohwɛfo

hüljes
sukraman

jaaguar
sebɔ

loomaaed - mmoakurabea

poni
pɔnkɔ ketewa

leopard
etwie

jõehobu
susono

kaelkirjak
kɔntenten

kotkas
ɔkɔdeɛ

metssiga
kɔkɔte

kala
nsuomunam

kilpkonn
sudanda

morsk
sukraman

rebane
sakraman

gasell
adowa

loomaaed - mmoakurabea

sport
agokansie

tegevused
dwumadie ahodoɔ

hüppama / huri

kallistama / fam

naerma / sre

jalutama / nante

laulma / to nwom

unistama / so daeɛ

palvetama / bɔ mpaeɛ

suudlema / fe ano

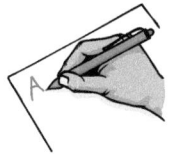

kirjutama
twerɛ

joonistama
dwidwi

näitama
kyerɛ

lükkama
pia

andma
ma

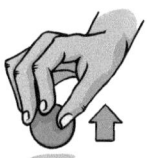

võtma
fa

omama
gye

tegema
yɛ

olema
yɛ

seisma
gyina

jooksma
tu mirika

tõmbama
twe

viskama
to

kukkuma
tɔ fam

lamama
twa ntorɔ

ootama
twɛn

kandma
soa

istuma
tena ase

riidesse panema
hyɛ atadeɛ

magama
da

ärkama
sɔre

vaatama
hwɛ

nutma
su

paitama
fa wo nsa fefa ho

kammima
nunu wotirim

rääkima
kasa

aru saama
te aseɛ

küsima
bisa

kuulama
tie

jooma
nom

sööma
didi

korrastama
siesie

armastama
dɔ

süüa tegema
noa

sõitma
ka kaa

lendama
tu

tegevused - dwumadie ahodoɔ

purjetama
ka

arvutama
bo ho nkonta

lugema
kan

õppima
sua

töötama
yɛ adwuma

abielluma
ware

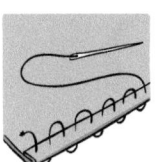
õmblema
pam

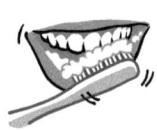
hambaid pesema
twitwi wo se

tapma
kum

suitsetama
hye

saatma
soma

tegevused - dwumadie ahodoɔ

perekond
abusua

vanaema
nanabaa

vanaisa
nana barima

isa
papa

ema
maame

imik
abɔfra

tütar
babaa

poeg
babarima

külaline
ɔhɔhoɔ

tädi
sewaa

onu
wɔfa

vend
nua barima

õde
nuabaa

perekond - abusua

keha
nipadua

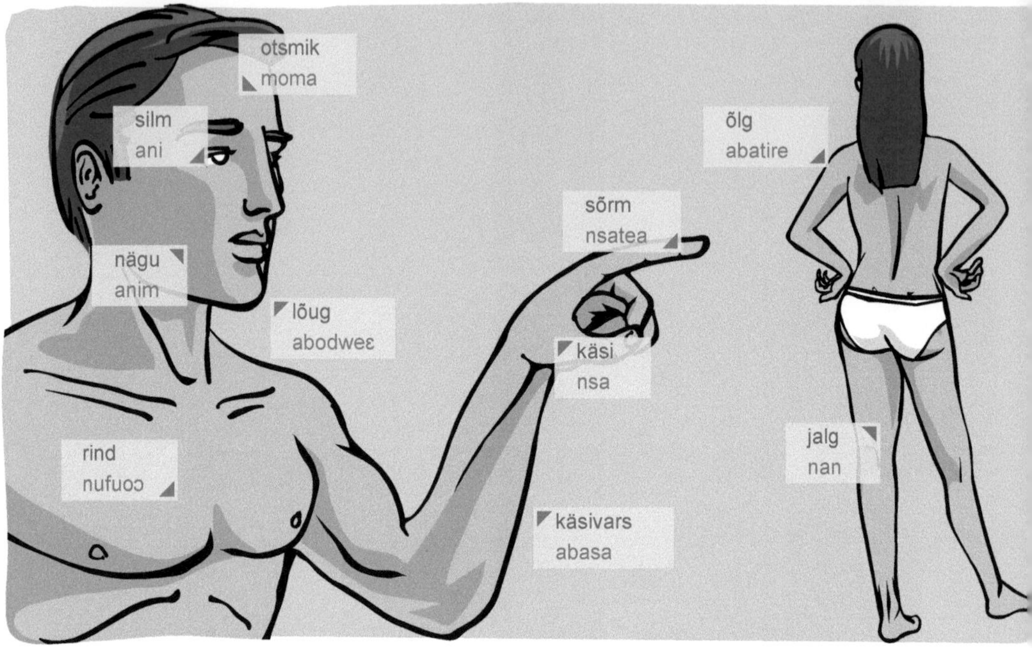

otsmik
moma

silm
ani

õlg
abatire

sõrm
nsatea

nägu
anim

lõug
abodwɛ

käsi
nsa

rind
nufuɔ

jalg
nan

käsivars
abasa

imik
abɔfra

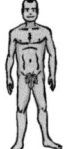

mees
barima

naine
ɔbaa

tüdruk
abaayewa

poiss
abarimaa

pea
ɛtire

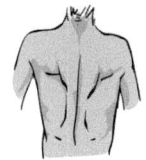

selg
akyi

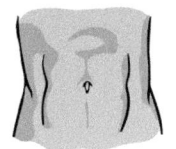

kõht
yafunu

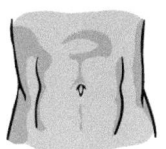

naba
furuma

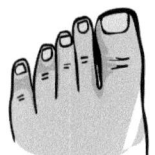

varvas
nansoa

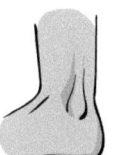

kand
nantini

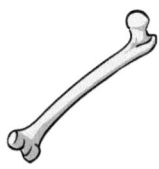

luu
dompe

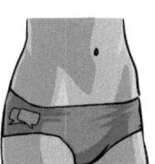

puus
sisi

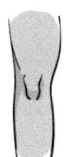

põlv
kotodwe

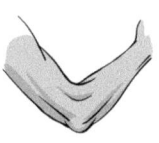

küünarnukk
abatwerɛ

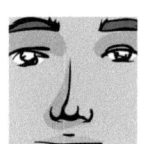

nina
hwene

tagumik
ɛtoɔ

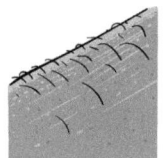

nahk
wedeɛ

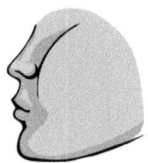

põsk
afono

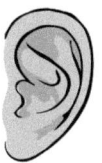

kõrv
aso

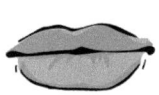

huuled
ano

keha - nipadua

suu
ano

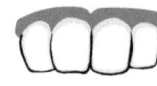

hammas
ɛse

keel
tɛkyerɛma

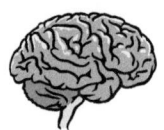

aju
adwene

süda
akoma

lihas
honam

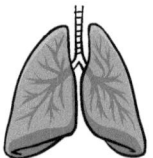

kops
ahrawa

maks
brɛbɔɔ

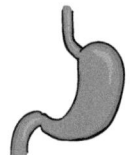

magu
afuro

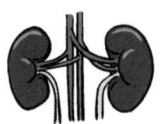

neerud
sawa

seksuaalvahekord
barima ne ɔbaa nna mu nhyiamu

kondoom
kɔndɔm

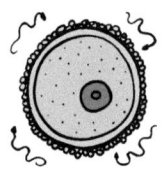

munarakk
nkosua a ɛwɔ obaa mu

sperma
barima ho nsuo

rasedus
nyinsɛn

keha - nipadua

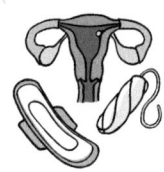
menstruatsioon
brayɔ

vagiina
ɛtwɛ

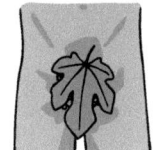
peenis
kɔteɛ

kulm
aniakyi nwii

juuksed
nwii

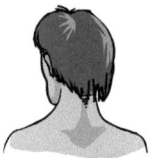
kael
kɔn

haigla
asopiti

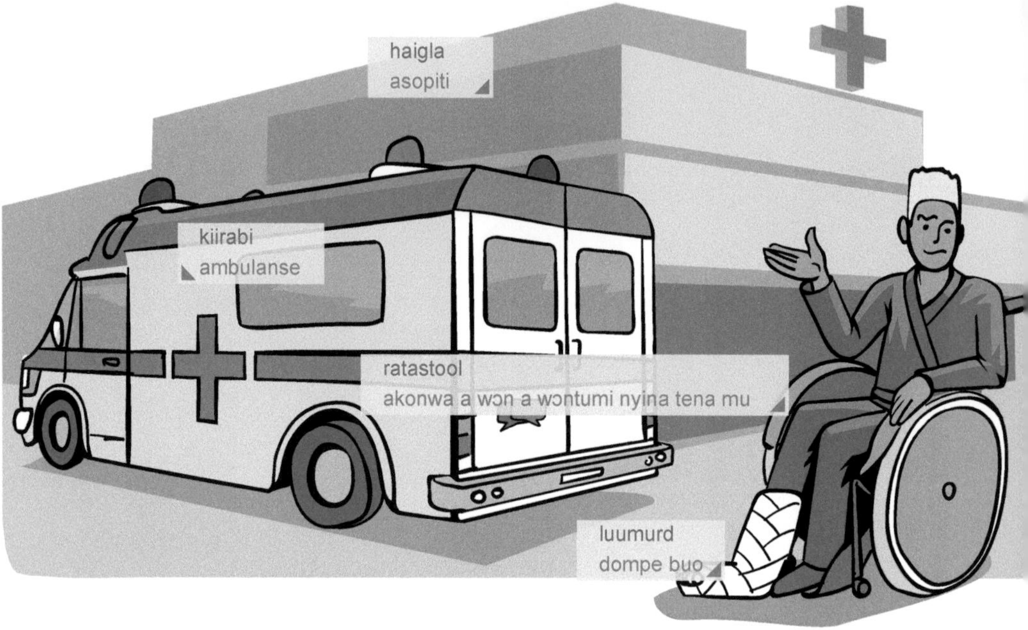

haigla / asopiti

kiirabi / ambulanse

ratastool / akonwa a wɔn a wɔntumi nyina tena mu

luumurd / dompe buo

arst
dɔkota

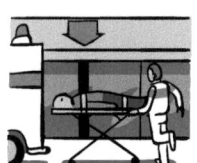

traumapunkt
ɛdan a wɔde wɔn a wɔn apira kɔ mu kɔhwɛ wɔn ɔhare so

meditsiiniõde
nɛɛse

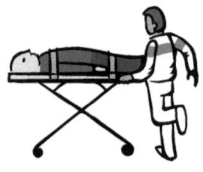

hädaolukord
putupru

teadvuseta
fenti

valu
yaw

vigastus
pira

verejooks
mogyatuo

südamerabandus
akoma yareɛ

insult
nwodwoɔ yareɛ

allergia
adeɛ wo honam mpɛ

köha
ɛwa

palavik
ahoɔhyeɛ

gripp
papu

kõhulahtisus
ayɛmhwie

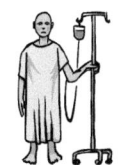
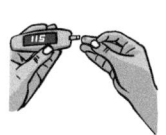

peavalu
tiripayɛ

vähk
kokoram

diabeet
asikyire yareɛ

kirurg
dɔkotani wɔpaepae obi sa no yareɛ

skalpell
sekamma

operatsioon
repaepae obi ho asa no yareɛ

haigla - asopiti

KT
CT

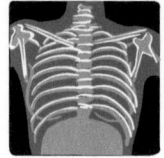
röntgen
x-ray

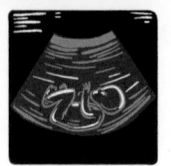
ultraheli
mfonin a wɔtwa de hwɛ awodeɛ mu

mask
anim nkatadeɛ

haigus
yareɛ

ooteruum
dan aa yɛtwɛn wɔ mu

kark
klɔkye

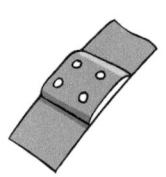
kips
plasta

side
bandege

süst
paneɛ

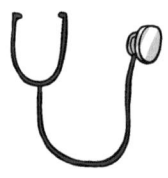
stetoskoop
afidie a wɔde tie dede wɔ nnipa ho

kanderaam
mpa

kraadiklaas
afidie wɔde hwɛ ahoɔhyeɛ

sünd
awoɔ

ülekaaluline
kɛseyɛ mmorosoɔ

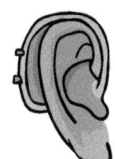
kuuldeaparaat
afidie a ɛboa ma obi te asɛm yie

desinfektsioonivahend
aduro a wɔde ko tia yaremmoa bateria

põletik
yareɛ nsaeɛ

viirus
yaremmoawa

HIV / AIDS
HIV / AIDS

meditsiin
aduro

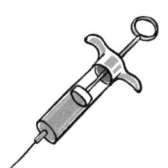
vaktsineerimine
nsianoaduru paneɛwɔ

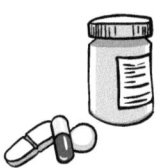
tabletid
nnuro a wɔmene

pill
aduro a wɔmene

hädaabikõne
putupru frɛ

vererõhuaparaat
afidie a wɔde hwɛ sɛdeɛ mogya di aforosane

haige / terve
yareɛ / ahuɔden

haigla - asopiti

hädaolukord
putupru

Appi! häire kallaletung
Boa me! alam repira obi

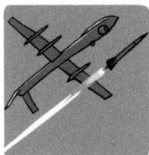

rünnak oht avariiväljapääs
to hyɛ biribi so amaneɛ kwan a wɔfa so pue berɛ asɛm asi putupuru

Tulekahju! tulekustuti õnnetus
Egya! adeɛ a wɔde dum gya akwanhyia

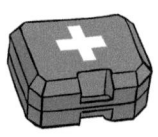

esmaabikomplekt SOS politsei
mmoa a edikan akadeɛ SOS polisi

Maa
Ewiase

Euroopa
Europe

Põhja-Ameerika
North America

Lõuna-Ameerika
South America

Aafrika
Africa

Aasia
Asia

Austraalia
Australia

Atlandi ookean
Atlantic

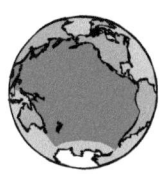
Vaikne ookean
Pacific

India ookean
Indian Ocean

Lõuna-Jäämeri
Antartic Ocean

Põhja-Jäämeri
Arctic Ocean

põhjapoolus
North Pole

lõunapoolus
South Pole

Antarktika
Atartica

Maa
Ewiase

maismaa
asaase

meri
ɛpo

saar
ɛpoano

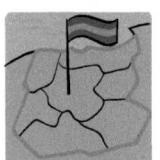
rahvus
ɔman

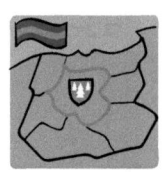
riik
ɔman

kell
mmerɛ kyerɛfoɔ

sihverplaat
mmerɛ kyerɛfoɔ no anim

tunniosuti
dɔnhwere nsa

minutiosuti
sima nsa

sekundiosuti
anitɛtɛ nsa

Mis kell on?
Abɔ sɛn?

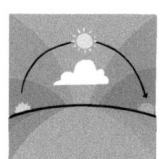

päev
da

aeg
mmerɛ

praegu
seisei ara

digitaalne kell
abɛɛfo mmerɛ kyerɛfoɔ

minut
sima

tund
dɔnhwere

nädal
nnawɔtwe

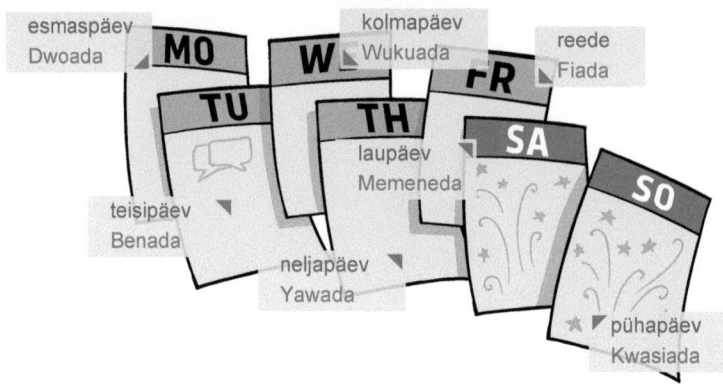

esmaspäev — Dwoada
teisipäev — Benada
kolmapäev — Wukuada
neljapäev — Yawada
reede — Fiada
laupäev — Memeneda
pühapäev — Kwasiada

eile

ɛnora

täna

nnɛ

homme

ɔkyena

hommik

anɔpa

lõuna

awia

õhtu

anwummerɛ

tööpäevad

adwuma nna

nädalavahetus

nnawɔtwe awieɛ

aasta
afe

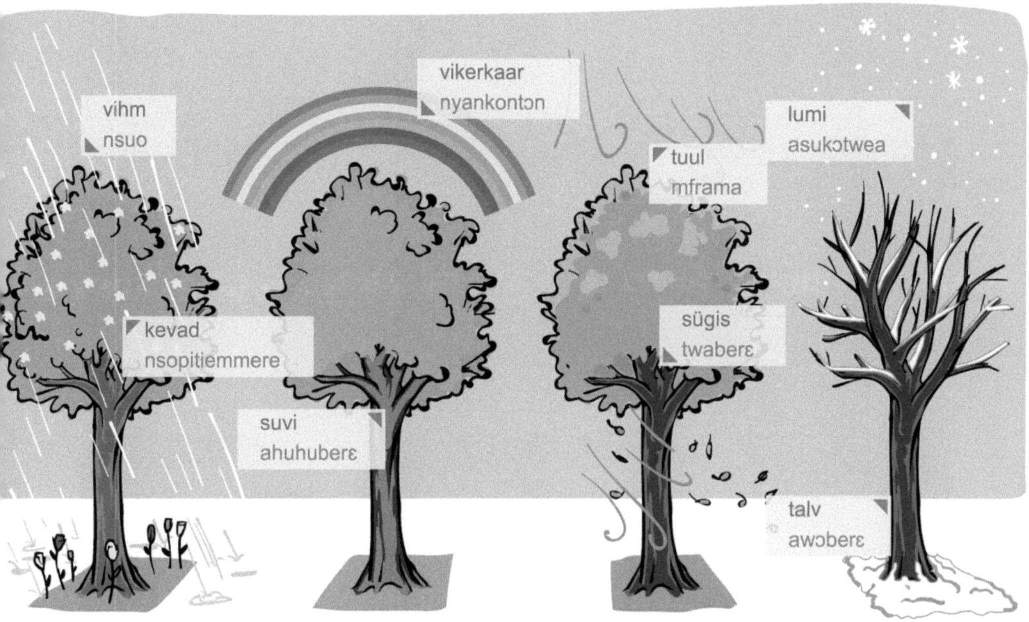

vihm
nsuo
vikerkaar
nyankontɔn
lumi
asukɔtwea
tuul
mframa
kevad
nsopitiemmere
sügis
twaberɛ
suvi
ahuhuberɛ
talv
awɔberɛ

4.APRIL 11°
5.APRIL 4°
6.APRIL 13°
7.APRIL 8°
8.APRIL 10°

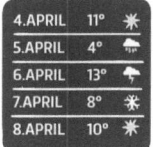

ilmaennustus

ewiemu nsesaeɛ

F C
120 40
90 30
60 20
30 10
0 0
-30 -10
-20

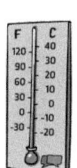

termomeeter

afidie a wɔde hwɛ ahoɔhyeɛ

päikesepaiste

awiabɔ

pilv

munumkum

udu

ɛbɔ

niiskus

nsuo a ɛwɔ mframa mu

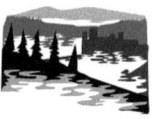

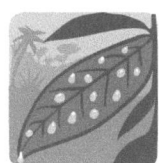

pikne	kõu	torm
ayerɛmo	agradaa	nsuden ne mframa

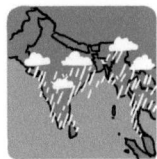

rahe	mussoon	üleujutus
sukɔtwea	mframa a ɛde nsuo ba	nsuyiri

jää	jaanuar	veebruar
asukɔtwea	ɔpɛpɔn	ɔgyefoɔ

märts	aprill	mai
ɔbɛnem	Oforisuo	Kotonimaa

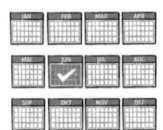
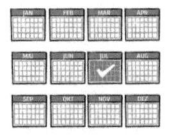

juuni	juuli	august
Ayɛwohumumɔ	Kitawonsa	ɔsanaa

aasta - afe

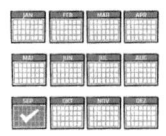
september
Ɛbɔ

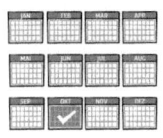
oktoober
Ahinime

november
Obubuo

detsember
Ɔpɛnimaa

kujundid
bɔbea

ring
kanko

ruut
ahenanan

nelinurk
fasene

kolmnurk
ahinasa

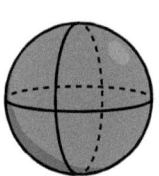
kera
kanko

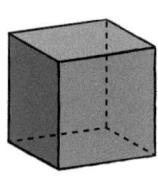
kuup
ahenanan

värvid
ahosuo

valge
fitaa

kollane
akokɔsradeɛ

oranž
akokɔsradeɛ

roosa
memen

punane
kɔkɔɔ

lilla
beredum

sinine
bibire

roheline
ahabanmono

pruun
dodoeɛ

hall
nson

must
tuntum

vastandid
abirabɔ

palju / vähe
bebree / ketewa

vihane / rahulik
abufuo / brɛo

ilus / inetu
fɛfɛɛfɛ / tantantan

algus / lõpp
ahyɛasee / awieɛ

suur / väike
kɛseɛ / ketewa

hele / tume
ɛhyerɛ / ɛdum

vend / õde
nua barima / nuabaa

puhas / must
ɛho te / ɛfi

täielik / puudulik
wawie / onwieeyɛ

päev / öö
anopa / anadwo

surnud / elus
wawu / ɔtease

lai / kitsas
emu bue / emu mmuɛ

söödav / mittesöödav

yetumi di / yentumi nni

kuri / sõbralik

bɔne / papa

põnevil / tüdinud

anigyeɛ / w'ani nka

paks / peenike

kɛseɛ / hwea

esimene / viimane

di kan / ka akyi

sõber / vaenlane

adanfo / atanfo

täis / tühi

ayɛ ma / hwee nnimu

kõva / pehme

dendenden / mrɛmrɛmrɛ

raske / kerge

emu ye duru / emu yɛ ha

nälg / janu

ɛkɔm / nsukɔm

haige / terve

yareɛ / ahuɔden

ebaseaduslik / seaduslik

ɛnfa mmrakwanso / mmrakwanso

tark / rumal

nimdifo / gyimifo

vasak / parem

benkum / nifa

lähedal / kaugel

ɛbɛn / ɛmu ware

vastandid - abirabɔ

uus / kasutatud
foforo / dada

mitte midagi / midagi
ɛnyɛ hwee / biribi

vana / noor
panyin / abɔfra

sees / väljas
sɔ / dum

lahti / kinni
bue / yatom

vaikne / vali
dinn / dede

rikas / vaene
sikani / ohiani

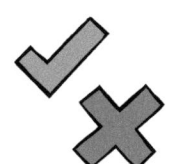

õige / vale
papa / bɔne

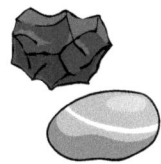

kare / sile
wewerɛwewerɛ / tromtrom

kurb / rõõmus
awerehoɔ / anigye

lühike / pikk
tiatia / tentene

aeglane / kiire
brɛoo / ntɛm

märg / kuiv
afɔ / awo

soe / jahe
ɛyɛ hye / adwo

sõda / rahu
ntɔkwa / asomdwoe

vastandid - abirabɔ   87

numbrid
nɔma

0
null
ohunu

1
üks
baako

2
kaks
mmienu

3
kolm
mmiensa

4
neli
nan

5
viis
num

6
kuus
nsia

7
seitse
nson

8
kaheksa
nwɔtwe

9
üheksa
nkron

10
kümme
du

11
üksteist
du-baako

12 kaksteist
du-mmienu

13 kolmteist
du-mmiensa

14 neliteist
du-nan

15 viisteist
du-num

16 kuusteist
du-nsia

17 seitseteist
du-nson

18 kaheksateist
du-nwɔtwe

19 üheksateist
du-nkron

20 kakskümmend
aduonu

100 sada
ɔha

1.000 tuhat
apem

1.000.000 miljon
ɔpepe

keeled
kasa ahodoɔ

inglise
Brofo kasa

Ameerika inglise
Amerika Brɔfo

mandariini
Chinese Mandarin

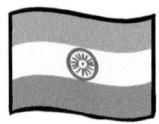

hindi
Hindi

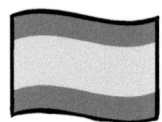

hispaania
Spanish

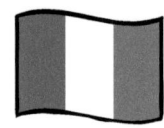

prantsuse
French

araabia
Arabic

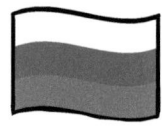

vene
Russian

portugali
Portuguese

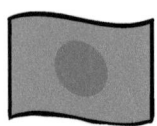

bengali
Bengali

saksa
German

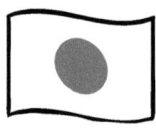

jaapani
Japanese

kes / mis / kuidas
hwan/aden/ sɛn

mina
me

sina
wo

tema
ɔno

meie
yɛn

teie
wo

nemad
wɔn

kes?
hwan?

mis?
aden?

kuidas?
sɛn?

kus?
ɛhefa?

millal?
dabɛn?

nimi
din

kus
hefa

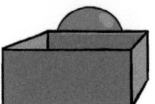

taga

n'akyi

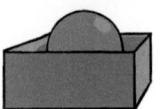

sees

ɛmu

ees

wɔ n'anim

kohal

soro

peal

so

all

asɛɛ

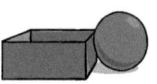

kõrval

nkyene

vahel

ntam

koht

fa hyɛ